Sylvia Gohlke

Kreuzfahrten

Tricks & Kniffe vom Profi

Damit Ihre Schiffsreise
zum Traumurlaub wird

Umschlagbild: Bucht vor Sorrento, Amalfiküste

Gohlke, Sylvia:
Kreuzfahrten - Tricks & Kniffe vom Profi, 2014

© 2014, Sylvia Gohlke (Autorin & Herausgeberin),
   Kasinostraße 16, 64293 Darmstadt

Satz & Produktion: Solutions! Darmstadt
Lektorat: Kristian Blochwitz
Fotos: Autorin

ISBN 978-3-00-046491-1

Vorwort

Wie heißt es so schön, auch schlechte Erfahrungen haben etwas Gutes.

Seit der Kindheit von der Kreuzfahrt fasziniert, begann ich in den neunziger Jahren meine Sucht nach Schiffsreisen auszuleben. Damals gab es das Internet noch nicht in der Form, wie wir es heute kennen und man war auf die Empfehlung eines Reisebüros angewiesen. Bedingt durch meine Selbstständigkeit blieb mir als einzige Möglichkeit für einen längeren Urlaub nur, zwischen den Jahren zu verreisen. Ich nutzte diese Zeit immer um meiner großen Leidenschaft für Kreuzfahrten nach zu gehen. Einige Jahre fuhr ich in die Karibik und in die Karibik und in die Karibik - bis ich diese in- und auswendig kannte.

Ich wollte Neues erleben – die Welt bereisen!

In der Zwischenzeit erweiterte das Internet die Informationsmöglichkeiten, und ich entdeckte eine traumhafte Route: Genua-Suezkanal-Mombasa-Sansibar-Nosy Be -Mahé. Das war's! Gesagt - getan - gebucht! Ich ging in ein etabliertes Reisebüro vor Ort und erkundigte mich, ob das Schiff meiner Wahl auch ein schönes und empfehlenswertes sei. Das Reisebüro stimmte dem zu und konnte mir die Reise nur empfehlen. Ich war damals Anfang 20, alleinreisend und durch meine Karibik-Kreuzfahrten von großen, modernen 5-Sterneschiffen verwöhnt. Die Dame im Reisebüro sagte mir zwar: „Ja, das ist ein sehr beliebtes Schiff bei unseren Kunden!" – hatte mir aber verschwiegen, dass die ausgewählte Route eine Teilstrecke einer Weltreise war und dass das Durchschnittsalter der Passagiere weit höher als Anfang 20 lag. Hier hätte einfach Ehrlichkeit in Bezug auf das Schiff dazu gehört, da ich für damals rund 9.000 DM mehr erwartete als ein altes, einfaches 3*-Schiff mit einem mindestens eher dreifach so hohem Durchschnittsalter der weiteren Gäste als dem meinen.

Aber wie es so ist im Leben - alles hat am Ende seinen Sinn. Und ich nutzte diese Erfahrung zur Eröffnung meines Schiffsreisen-Büros, weil der Bereich Kreuzfahrten auch heute in den klassischen Reisebüros oft als „Stiefkind" behandelt wird. Es geht mir nicht darum, Gästen eine Reise oder ein Schiff aus- oder einzureden, sondern so zu beraten, dass Sie sagen

> Ja – ich komme gerne wieder an Bord!
> Dieser Urlaub hat mir gefallen.

Und wenn auch Sie einen Schiffsurlaub machen wollen, der Ihnen so richtig gefällt, dann freue ich mich darauf, SIE kennen zu lernen! ... aber lassen Sie uns einen Termin vereinbaren und planen Sie etwas Zeit ein, denn die werden wir brauchen.

Wie alles begann

Schon als kleines Mädchen faszinierte mich das Fernseh-Traumschiff und ich versuchte meinen Eltern einen Urlaub auf diesem Schiff zu verkaufen - leider vergebens. Irgendwann entdeckte mein Vater eine Anzeige in der Zeitung mit dem Titel „Machen Sie Urlaub auf dem Traumschiff". Er regte mich an, doch einfach mal den Prospekt anzufordern, was ich dann auch tat. Da vor 30 Jahren die Kreuzfahrt noch für einen sehr begrenzten Personenkreis erschwinglich war, legte sich meine Euphorie sehr schnell, als ich die Preise im Katalog sah. Die damals günstigste, verfügbare Reise und Kabine lag bei rund 10.000 DM. Dies erzählte ich natürlich gleich meinem Vater, der sich köstlichst darüber amüsierte und mir vorrechnete, wie viele Jahre ich wohl mein Taschengeld (15 DM im Monat) sparen müsste, damit wir gemeinsam an Bord unseren Urlaub verbringen könnten.

Als sich Anfang der 90iger Jahre immer mehr Schiffe auf den Ozeanen tummelten, wurden auch Kreuzfahrten bezahlbar. Dies ermutigte mich zu meiner ersten Schiffsreise, eine Karibiktour ab/bis Miami an Bord der „MS Britanis". Mit dem heutigen Wissen betrachtet war das Schiff ein „Seelenverkäufer", das schon vor etlichen Jahren zur Grundrenovierung in die Werft gehört hätte. Aber es tat dem Gefühl „Kreuzfahrt" keinen Abbruch. Das Schiff war alt, uralt – und hatte sogar schon als Lazarett in Kriegszeiten gedient. Die Kabinen waren klein. Aber der Komfort an Bord, das leckere Essen, die Vielzahl an Unterhaltungs- und Sportmöglichkeiten, jeden Tag eine neue Destination und nicht zuletzt die vielen weiteren Eindrücke ließen mich nicht mehr los. Ich wollte immer und immer wieder Urlaub auf See machen. So geschah es dann auch und ich habe inzwischen über 65 Kreuzfahrten bzw. Flussfahrten unternommen.

Damit auch Sie in den Genuss eines Traumurlaubes kommen, gebe ich Ihnen nachfolgend ein paar Anregungen und Tipps, wie Sie einen bezahlbaren Kreuzfahrturlaub machen können.

Vor der Buchung

Da das Segment „Schiffsreisen" der einzige Bereich ist, der in der Touristik seit den letzten zehn Jahren kontinuierlich wächst, meint jeder Reiseverkäufer, auf diesen Zug aufspringen zu müssen. Aber man ist noch lange kein „Kreuzfahrtprofi" wenn man die Seiten eines Reiseveranstalterkataloges studiert hat.

Aber woran erkennt man einen Profi und wie finde ich einen solchen?

Es ist sicherlich nicht einfach, und – trotz manch gegenteiliger Meinung - durch das Internet auch nicht übersichtlicher geworden, einen wahren Profi im Bereich Schiffsreisen zu finden. Es tummeln sich etliche Kreuzfahrtanbieter im Netz herum aber viele von diesen Anbietern bzw. deren Mitarbeiter haben noch nie ein Schiff von innen gesehen. Geschweige denn können Sie Ihnen Informationen zu den geplanten Destinationen geben. Welches Schiff passt zu Ihnen, zu Ihren Urlaubsvorlieben, Reisegewohnheiten, Ansprüchen, Geldbeutel? Interessiert das überhaupt den Kreuzfahrtanbieter, den Sie gerade ausgewählt haben?

Hier sollten Sie genau hinschauen! Fragen Sie doch einfach beim ausgewählten Kreuzfahrtanbieter nach, wie oft die Person, die Sie berät, schon an Bord war, und welches ihr Lieblingsschiff ist. So merken Sie schnell, ob jemand einfach nur einen Telefonverkauf macht oder weiß, wovon sie/er spricht.

Worauf müssen Sie bei der Schiffsauswahl achten?

Das Einfachste ist die Sprache - versteht man Sie an Bord? Können Sie sich mit dem Bordpersonal verständigen und kommunizieren? Werden Landausflüge in der Sprache angeboten, die Sie auch verstehen? Welche Konzeptlinie fährt die Kreuzfahrtgesellschaft, die Sie ausgewählt haben: eher klassisch, leger, sportlich oder elegant? Das sind alles Faktoren, die Ihnen einen Urlaub angenehm oder eben nicht angenehm machen können. Je mehr Sie sich mit der Materie befassen, desto schneller merken Sie, dass die Auswahl an Reedereien und Schiffen riesig ist. Es gibt inzwischen über 250 ozeanfahrende und 1.100 flussfahrende allein aus Deutschland buchbare Schiffe. Hier fällt es einem „Beginner" schwer, den Überblick zu behalten.

Wie finde ich das richtige Schiff?

Es ist ganz wichtig, dass Sie ein zu Ihnen passendes Schiff finden. Es muss zu Ihren Urlaubsvorlieben passen und nicht irgendein Schnäppchen aus der Schublade sein. Es geht schon los mit der Art und Weise, wie die Speisen an Bord angeboten werden: haben Sie die Möglichkeit, sich bedienen zu lassen oder können Sie nur am Buffet essen? Gibt es hier feste Essenszeiten oder können Sie frei wählen, wann Sie essen möchten? Wie weit sind Ihre Wege an Bord? Was wird an Unterhaltung geboten? Welche anderen Nationalitäten erwarten Sie? Bei der Vielzahl der angebotenen Schiffe ist es ganz wichtig, dass Ihr Reiseverkäufer Ihre Vorlieben kennenlernen möchte, und noch wichtiger, dass er die Schiffe kennt und weiß, auf welchem Sie sich „wie zuhause" fühlen. Ein wesentlicher Aspekt spielt auch die Schiffsgröße und das Verhältnis der Passagiere zum Personal. Hier ist ein Schiff mit einem z.B. 1:5 Verhältnis (1 Personal zu 5 Gästen) nicht unbedingt empfehlenswert, da viel Personal in Bereichen tätig ist, die nicht im direkten Zusammenhang mit der Gästebetreuung stehen, sondern z.b. Wäscherei, Matrosen, Küche etc. betreffen.

Welche Kabine ist die Richtige für Sie?

Auf einem Schiff heißen die Zimmer „Kabinen" und die unterschiedlichen Stockwerke „Decks".

Bei den meisten Schiffen gibt es an Bord Innenkabinen, Außenkabinen, Balkonkabinen und Suiten. Bei einem Mittelklasseschiff besteht die Grundausstattung der Kabinen aus Klimaanlage, Fernseher, Telefon, Dusche/Bad mit WC, Haartrockner, Safe und teilweise Minibar. Je nach Schiff ist es manchmal erforderlich einen Adapter für die Stromnutzung mitzuführen. Bei amerikanischen Schiffen ist die Spannung meist 110 Volt, was für unsere deutschen Geräte kein Problem darstellt, da diese bis 220/230 Volt zugelassen sind. Beachten Sie, dass die Ladezeit des Gerätes sich durch die niedrigere Spannung verlängert.

Innenkabine

Fangen wir mit der Innenkabine an: eine in der Regel genauso große Kabine wie eine Außenkabine, ca. 10-15 qm groß, ausgestattet mit Betten, die je nach Schiff als Einzelbetten oder Doppelbett gestellt werden können. Bei älteren Schiffen ist häufig auch noch ein Sofabett, das abends zu einem Bett umgebaut wird und ein normales Bett zu finden. Zur weiteren Ausstattung gehören ein Schrank, Kommode und ein persönliches Badezimmer mit Dusche/WC. Eine Innenkabine hat kein Fenster und ist dementsprechend dunkel. Sie ist ideal für Gäste, die gerne in dunklen Räumen schlafen. Sofern Sie unter Platzangst leiden, ist eine Innenkabine nicht empfehlenswert. Viele große Schiffe bieten auch die Möglichkeit, diese Kabinen als Viererbelegung zu nutzen. Die zwei weiteren Betten werden abends von ihrer/m Kabinensteward/ess von der Decke herabgelassen und als Bett hergerichtet. Tagsüber sind diese in der Regel zurückgebaut.

Außenkabine

Die Außenkabine ist meist baugleich zur Innenkabine, verfügt zudem aber über ein Fenster, dass sich jedoch bei der überwiegenden Anzahl der Schiffe nicht öffnen lässt. Lediglich einige Flussschiffe bieten hier die Möglichkeit zum Öffnen des Fensters, sofern die Kabine sich auf einem der höher gelegenen Decks befindet. Der Vorteil einer Außenkabine liegt darin, dass sie Licht in der Kabine haben. Dies ist für Gäste besonders wichtig, die in einer anderen Zeitzone (Jetlag) reisen. Durch das Licht fällt es Ihnen leichter, sich an den neuen Zeitrhythmus zu gewöhnen. Auch hier gibt es oft die Variante einer Dreier- oder Viererbelegungsmöglichkeit.

Balkonkabine

Wer frische Luft haben möchte, der benötigt eine Balkonkabine oder bei Flussschiffen eine Kabine mit französischem Balkon. Ein französischer Balkon ist ein zimmerhohes Fenster mit einem Schutzgitter, das sich aber öffnen lässt. Balkonkabinen sind in der Regel 14- 21 qm groß und verfügen über eine zusätzliche Sitzgelegenheit, welche zu einem dritten Bett umfunktioniert werden kann. Dies ist ein sehr großer Vorteil zu den Innen- bzw. Außenkabinen, da die dritte Person nicht in einem Stockbett schlafen muss. Genießen Sie doch einfach Ihr Frühstück auf Ihrem persönlichen Balkon und verfolgen die von dort Einfahrt in den nächsten Hafen.

Juniorsuite/Suite

Suiten sind meist doppelt so groß wie normale Kabinen und verfügen über einen separaten Sitzbereich. Der Unterschied zur Juniorsuite liegt darin, dass bei einer Suite der Schlafbereich vom Sitzbereich baulich getrennt ist. Das ermöglicht ungestörtes Schlafen, obwohl nebenan noch jemand ein Buch liest oder TV schaut. Bei größeren Schiffen der neuen Generationen (Neubauten der letzten Jahre) gibt es Suiten bis zu einer Größe von 500 qm. Anm.: dies ist kein Schreibfehler!

Ein weiterer Service bei Buchung einer Suite liegt darin, dass fast immer ein Butler-Service integriert ist. So fühlen Sie sich königlich an Bord. Auch bieten viele Reiseveranstalter/Reedereien besondere Spezialitätenrestaurants an, die eigens für Suitengäste reserviert sind. Der Service dieser Restaurants ist noch anspruchsvoller und die Auswahl der Gerichte hochwertiger. Weitere Vorteile an Bord sind zum Beispiel: bevorzugte Einladung zum „Kapitänstisch", bevorzugte Tenderfahrten, spezielle Einrichtungen für das Ausschiffungsfrühstück usw. Eine Suite eignet sich besonders für längere Fahrten, da man ausreichend Privatsphäre an Bord gewinnt und sich auch mal zurückziehen kann.

Oft lassen sich Suiten auch durch angrenzende Balkonkabinen mit einer Verbindungstür kombinieren. Dies ist ideal, wenn Sie mit Ihrer großer Familie reisen.

Wo sollte die Kabine liegen?

Jeder gute Reiseveranstalter veröffentlicht in sogenannten Deckplänen sämtliche öffentlichen Einrichtungen und Decks eines Schiffes, um Ihnen die Auswahl Ihrer Wunschkabine zu ermöglichen. Hierbei sollten Sie darauf achten, dass die Kabinen im unteren und hinteren Teil eines Schiffes immer in Antriebsnähe sind und hier Schiffsgeräusche deutlicher zu hören sein könnten. Generell sind an Bord immer Schiffsgeräusche hörbar, aber eben mal mehr und mal weniger. Eine ruhige Kabine finden Sie in der Regel im vorderen und mittleren Bereich der höher gelegenen Decks. Hier ist es aber wichtig zu prüfen, ob nicht vielleicht der Joggingpfad direkt über der Kabine liegt oder das Theater oder die Disco in der Nähe sind.

Das Schiff selbst dreht bei Fahrt über die mittlere Achse, so dass Kabinen im mittleren unteren Bereich von den Seebewegungen her meist weniger betroffen sind. Moderne, große Schiffe verfügen über sogenannte „Stabilisatoren". Das sind seitlich angebrachte, ausfahrbare, ruderähnliche Flossen, die ein seitliches Schaukeln des Schiffes verhindern sollen. Hier sollten Sie aber auch wissen, dass bei extremer Windstärke und Seegang diese wieder eingefahren werden, damit sie nicht abbrechen.

Bei der Wahl ihrer Kabine sollten sie auch berücksichtigen, dass viele neue Schiffe über eine Länge von mehr als 300 m verfügen und die Wege dadurch sehr lang sein können. Bei einem kleineren Schiff haben Gäste mit einer Gehbehinderung ein leichteres Spiel. Sollten Sie auf einem Flussschiff unterwegs sein, sind die Treppenauf- und -abgänge häufig sehr steil. Hier sollten Sie auf einen Fahrstuhl achten.

Ist eine Schiffsreise auch für Gäste mit Dialysebedarf, Behinderung oder Rollstuhl geeignet?

Ja!

Es gibt viele Gäste, die auf einen Rollstuhl angewiesen sind und dennoch immer wieder eine Schiffsreise genießen. Bei großen Schiffen sind die Gänge breit, es gibt behindertengerechte Kabinen und es ist ausreichend Servicepersonal vorhanden, um zu assistieren. Sämtliche Aufzüge fahren bis auf die Sonnendecks und viele Außentüren sind elektrisch zu öffnen.

Behindertengerechte Transfers vom Flughafen zum Schiff und umgekehrt sind gewährleistet. Zwar gibt es auch Flussschiffe mit behindertengerechten Kabinen, aber hier spielt der Wasserstand des Flusses eine sehr große Rolle. Denn dieser bestimmt, wie steil der Anleger beim Ein- und Ausstieg ist. Wir empfehlen Flussfahrten daher nur für Gäste, die noch einige Schritte alleine gehen können.

Auch bieten einige Reedereien Dialysepatienten eine professionelle Krankenstation inklusive kompetenter ärztlicher Betreuung an Bord. Hierzu gibt es Verzeichnisse, in denen sämtliche Abfahrten und Schiffe zusammengefasst sind. Ihr professionelles Schiffsreisenbüro hilft Ihnen auch hier weiter. Einige Schiffe bieten mit bis zu acht Dialysestationen für Hepatitis C Patienten sogar die Möglichkeit, eine persönlich zugeteilte Dialysestation zu bekommen. Um den Tagesablauf für den Patienten so angenehm wie möglich zu gestalten, werden die Dialysezeiten passend zum Landprogramm abgestimmt.

Was kostet eine Kreuzfahrt und wie vergleiche ich die Preise?

Bei einem Preisvergleich sollten Sie immer gleiches mit gleichem setzen. Deswegen ist es ratsam, zunächst zu analysieren, welche Leistungen Ihnen Ihre Wunschgesellschaft als Inklusivleistungen bietet: sind es Getränke, Landausflüge, Bordguthaben, Spezialitätenrestaurants, Unterhaltung an Bord, etc.?

Auch hier zählt wieder, was Ihnen wichtig ist. Ein Getränkepaket mit sämtlichen Getränken an Bord ist eher für jemanden sinnvoll, der auch alkoholische Getränke zu sich nimmt. Andernfalls wäre zum Beispiel ein Bordguthaben, das auch für Landausflüge oder andere Ausgaben an Bord verwendet werden kann, sinnvoller. Um einen groben Preisvergleich ziehen zu können, macht es Sinn, wenn Sie den Reisepreis durch die Anzahl der Tage teilen. Diese Tagespreise können Sie dann miteinander vergleichen und bekommen so einen ungefähren Richtwert. Aber natürlich nur, wenn sie Anbieter in der gleichen Qualitätsstufe vergleichen. Es macht keinen Sinn, den Tagespreis eines 3*-Schiffes mit dem eines 5*-Schiffes zu vergleichen.

Jede Reederei bzw. jeder Reiseveranstalter hat eine andere Kalkulationsbasis, aber die reine Bewegung des Schiffes, die Schifffahrt an sich, kostet für jeden Veranstalter ungefähr das Gleiche. Ein wichtiger Kostenfaktor für Reedereien und Reiseveranstalter sind die Kosten der angefahrenen Häfen, deshalb werden bei manchen Reedereien (vornehmlich amerikanischen Anbietern) auch separat Hafengebühren ausgewiesen – bei den meisten Anbietern sind sie aber bereits im Reisepreis eingeschlossen. Ebenso spielt der Platz, den die Gäste an Bord in den öffentlichen Bereichen haben (Sonnendeck, Bars, etc.) eine große Rolle in Bezug auf die Grundkosten. Service und das Verhältnis Personal zu Gästen sowie das Programm und die an Bord angebotenen Aktivitäten ergänzen die Kalkulation.

Einige Anbieter werben mit günstigen Preisen, dafür verdienen sie ihr Geld an Bord: zum Beispiel mit höheren Getränkepreisen, Landausflügen oder anderen persönlichen Ausgaben. Auch hier ist es wichtig, vor der Buchung zu wissen, welche Nebenkosten Sie an Bord erwarten. Faire Partner nennen Ihnen diese Preise vorab oder bieten Ihnen Getränkepakete bzw. Pauschalen an, die Ihre Nebenkosten der Reise reduzieren oder vorab kalkulierbarer machen.

Sie sollten bei einem Schnäppchen allerdings beachten, dass bei einem günstigen Marktpreis auch jene Urlauber zu einer Kreuzfahrt motiviert werden, die eigentlich keine Kreuzfahrer sind - sondern „Billigurlauber". Diesen Gästen kommt es nicht unbedingt auf eine schöne Kreuzfahrt an, sondern eher darauf, soviel Leistung wie möglich für so wenig Geld wie nötig zu bekommen. Und hier sollten Sie sich überlegen, ob Sie mit diesen Gästen den Urlaub verbringen möchten, den Sie sich unter Ihrer „Traumkreuzfahrt" vorgestellt haben.

Ein wesentlicher Faktor bei den Reisekosten spielen die An- und Abreise zum Schiff. Sind die Kosten bereits enthalten? Wenn nein, welche Kosten kommen auf Sie zu? Wenn sie bereits enthalten sind, mit welcher Fluggesellschaft fliegen Sie? Sind die Transfers vom Flughafen zum Schiff und umgekehrt enthalten? Wie viele Stopps hat Ihre Busanreise zum Schiff? Bei manchen Gesellschaften entpuppt sich die Busan- und -abreise als Sightseeingtour durch Deutschland.

Weitere Kosten, die an Bord auf Sie zukommen, sind Trinkgelder. Bei größeren und weniger luxuriösen Schiffen ist es inzwischen üblich, diese Trinkgelder als Serviceentgelt pauschal den Gästen mit dem Bordkonto zu belasten. Hier reicht die Spanne von 6-12 Euro pro Tag und voll zahlenden Reisegast; Kinder zahlen ab einem gewissen Alter meist die Hälfte.

Auf luxuriöseren Schiffen gibt es nur Trinkgeldempfehlungen - es bleibt dem Reisenden also selbst überlassen, die Höhe seines Trinkgeldes zu wählen. Da ich seit nunmehr rund 25 Jahren auf Schiffen unterwegs bin und mich viel mit dem Personal an Bord unterhalte, finde ich ein Trinkgeld überaus angebracht. Sie werden schnell merken, dass Sie den Komfort und Service, den Sie an Bord bekommen, bei einem Landurlaub lange suchen müssen. Das Personal an Bord ist meist über Monate hin weit weg von der eigenen Familie, um Ihnen Ihren Urlaub zum Erlebnis zu machen. Ich empfehle Ihnen, Ihr Trinkgeld schon zu Beginn der Reise teilweise zu vergeben, damit erreichen Sie eine motivierte Crew und Sie haben den Nutzen davon - nicht nur die Gäste nach Ihnen. Ein professioneller Reiseverkäufer gibt Ihnen gerne Tipps für die Höhe und Auswahl des Trinkgelds.

Welche Route ist für mich die Richtige?

Wohin wollten Sie schon immer reisen? Jeder hat seine Traumdestination, aber ist diese genau die Richtige, um mit einer Schiffsreise zu starten? Sie sollten zu Beginn ihrer „Kreuzfahrtkarriere" keine längere als eine 14-tägige Tour wählen. Es sollte aber auch keine „Schnupperfahrt" sein, da die Tage der Einschiffung und Ausschiffung immer sehr lebendig sind. Für Neulinge ist die Orientierung an Bord gewöhnungsbedürftig. Und wenn Sie nur eine dreitägige Tour gewählt haben, dann haben Sie keinen Urlaub, sondern Stress. Sie sollten bei ihrer Routenwahl auch überlegen, wie viele Tage Sie ohne „Land in Sicht" auskommen möchten. Ich genieße inzwischen Seetage, da man an diesen Tagen wirklich nichts tun muss - Urlaub pur!

Ein weiterer Aspekt bei ihrer Auswahl spielt auch der Einschiffungs- und Ausschiffungshafen. Sie sollten sich z.B. fragen, ob es wirklich Sinn macht, für fünf Tage in die Karibik zu fliegen. Und weiterhin sollten Sie sich fragen: „Was möchte ich sehen?" - legen Sie Wert auf Natur, Kultur, Geschichte oder Land und Leute? Jede Route bietet andere Möglichkeiten. Auch hier werden Sie schnell merken, ob Ihr Reiseverkäufer/in die Routen und Häfen kennt, oder ob ihre/seine Informationen lediglich aus dem gleichen Veranstalterkatalog kommen, aus denen auch Sie Ihre bisherigen Informationen gezogen haben.

Gebucht!

Was bedeutet Web-Check-In und was ist ein Manifest?

Nachdem Sie gebucht haben, erhalten Sie eine entsprechende Buchungsnummer vom Reiseveranstalter. Mit dieser Nummer und ihrem Namen sowie Abfahrtsdatum und Schiff können Sie sich auf der Internetseite des Anbieters einloggen. Hier haben Sie die Möglichkeit, einen so genannten „Web-Check-In" durchzuführen. Es werden dabei einige Angaben für die Reise von Ihnen abgefragt, unter anderem Nationalität, Passdaten mit Gültigkeit und Ausstellungsdatum/-ort, Ihre An- und Abreise, eventuelle Diätvorgaben sowie ein Notfallkontakt. Dies ist das sogenannte Bordmanifest. Sie haben hier meist auch die Möglichkeit, bereits Landausflüge zu buchen oder Serviceleistungen an Bord vorzureservieren. Ein professionelles Reisebüro übernimmt diese Arbeit für Sie und sendet Ihnen nur einen sogenannten „Manifestbogen" mit der Bitte um Ergänzung. Sofern sämtliche Manifestdaten und Informationen der Reederei bzw. dem Reiseveranstalter vor Reisebeginn mitgeteilt wurden, können Sie bei vielen Anbietern einen gesonderten Schalter bei der Einschiffung nutzen. Hier werden sie bevorzugt eingeschifft, da sämtliche Passdaten bereits erfasst sind und nur noch kontrolliert werden müssen. Bei vielen internationalen Reedereien ist das Übermitteln der Manifestdaten vor der Abreise bereits Pflicht, ansonsten werden keine Reisedokumente erstellt.

Wie komme ich am Besten zum Einschiffungshafen und wie komme ich wieder heim?

Nachdem Sie sich jetzt für eine Route und ein Schiff entschieden haben, sollten Sie überlegen, wie sie am Einfachsten und Bequemsten zu Ihrem Traumschiff kommen. Sollte Ihr Einschiffungshafen in bequemer Entfernung für die Anreise mit dem PKW oder der Bahn liegen, empfiehlt es sich, einen Tag vorher anzureisen, da Sie dann ganz relaxed einer möglichen Bahnverspätung oder einem großen Stau entgegensehen können. Ein weiterer Vorteil liegt darin, dass Sie Zeit haben, sich auch den Einschiffungshafen anzuschauen. Dies entfällt bei den meisten pauschalen Anreisepaketen, da Sie gezielt mit dem Bus vom Bahnhof/Flughafen direkt zum Schiff gebracht werden. Sollten Sie zum Einschiffungsort fliegen wollen, empfehle ich einen frühen Flug, so dass Sie mit dem nächstmöglichen späteren Flug immer noch rechtzeitig genug zum Schiff kommen können. Es kommt öfter vor, dass Flüge ausfallen oder verspätet sind. Planen Sie auf jeden Fall genügend Zeit ein, denn Ihr Schiff wartet nicht, wenn Sie nicht rechtzeitig im Hafen ankommen! Denken Sie daran, auch für die Flugverbindungen einen Preisvergleich zu machen. Meistens sind die Abendflüge viel günstiger und Sie können mit einer Vorübernachtung ganz entspannt Ihre Kreuzfahrt beginnen.

Für Gäste, die nicht so „reisesicher" sind, empfiehlt sich die Anreise direkt beim Reiseveranstalter mit zu buchen, da dieser Sie dann am Bahnhof bzw. Flughafen des Zielortes in Empfang nimmt und direkt zum Schiff bringt. Viele Anbieter bieten bei Abfahrten aus Deutschland oder Italien auch die Möglichkeit, die Schifffahrt mit einer Busan- und -abreise zu kombinieren. Der nächste Buszustieg in Ihrer Nähe liegt meist in Taxientfernung und

Sie haben auch keine Probleme mit Ihrem Gepäck. Ein weiterer Vorteil, die Anreise beim Reiseveranstalter zu buchen, liegt auch darin, dass ihre Reise bereits beim gebuchten Startflughafen bzw. Buszustieg beginnt. Im Falle eines Pilotenstreiks, dem wetterbedingten Ausfall oder bei Verspätung Ihres Fluges oder Reisebusses tragen Sie in dem Fall kein Risiko. Es ist die Aufgabe des Anbieters, Sie zum Schiff zu bringen. Sollte dies nicht möglich sein, hat er dafür zu sorgen, dass Sie zum nächstmöglichen Anlegehafen gebracht werden. Gerade in Ländern, deren Sprache Sie nicht sprechen oder die von der Struktur anders aufgebaut sind, empfiehlt es sich, ein Anreisepaket über den Veranstalter zu buchen. Ein weiterer Aspekt ist der Preisvorteil, der sich ergebenflug meist günstiger ist als ein individueller Linienflug.

Kann ich auch mit dem PKW anreisen und wo parke ich dann?

Selbstverständlich können Sie auch mit dem eigenen Pkw zum Einschiffungshafen anreisen. Sie sollten jedoch beachten, dass die Parkgebühren, sofern Parkplätze direkt am Terminal vorhanden sind, sehr hoch sind. Hier sollten Sie deshalb einen sogenannten „Parkservice" nutzen. Sie parken den Wagen dabei in einem gesicherten Bereich abseits des Hafenterminals und werden mit einem Transferservice direkt zum Schiff gebracht und dort auch wieder abgeholt. Hierfür ist eine Vorabreservierung erforderlich. Eine weitere Alternative bilden auch sogenannte Vorübernachtungsprogramme, bei denen Sie in einem Hotel einen Tag vorab anreisen, den Wagen dort parken und zum Schiff gebracht werden. Nach der Kreuzfahrt werden Sie dann natürlich auch wieder zu Ihrem Hotel gefahren.

Das große Kofferpacken!

Garderobe an Bord - muss ich jeden Abend im Smoking rumlaufen?

Eines der größten Vorurteile gegenüber einer Kreuzfahrt ist der weitverbreitete Glaube, dass Sie jeden Abend im Smoking oder im Abendkleid zum Essen erscheinen müssen oder sich fünfmal am Tag umziehen sollten. Das war früher einmal so, ist aber heute nicht mehr der Fall. Die Kleiderordnung ist abhängig von der gewählten Sternekategorie Ihres Schiffes sowie von der Ausrichtung, die Ihre Reederei für das Leben an Bord gewählt hat. Bei einem 3*- bis 4*-Schiff haben Sie in der Regel bei einer siebentägigen Kreuzfahrt zwei schicke Abende, auch „formal" genannt, an denen Sie sich genauso anziehen sollten, als würden Sie in ein feines Restaurant gehen. Hier empfiehlt es sich für die Dame, im „Kleinen Schwarzen" und für den Herren, mit Jackett und Krawatte zu erscheinen. An den übrigen Abenden ist eine lange Hose für die Herren Bedingung. Sportkleidung ist in den Restaurants nicht gewünscht. Sollten Sie sich leger bekleidet wohler fühlen, so können Sie an formellen Abenden das Buffetrestaurant wählen. Bei Luxusschiffen ist es von den Gästen her gewünscht, sich klassisch elegant zu kleiden. Aber auch hier trägt man tagsüber legere Kleidung und wählt entsprechend der Kleiderempfehlung seine Abendgarderobe. Bei festlichen Abenden ist hier ein langes Abendkleid für die Dame und ein Smoking für den Herren angebracht.

Bei den Schuhen, meine lieben Damen, sollten Sie neben den schicken, hohen Schuhen auch unbedingt ein paar flache Schuhe im Gepäck haben. Bei starkem Seegang ist der Gang in „High Heels" nämlich alles andere als elegant und sicher.

Bei all Ihrer Kleiderauswahl sollten Sie bedenken, dass Sie während der Reise mit aller Wahrscheinlichkeit nicht abnehmen werden. Lassen Sie also die eh schon „knappe" Kleidung lieber zuhause. Bei warmen Destinationen lagert der Körper häufig Wasser ein, so dass eine Kleidergröße größer von Vorteil ist. Allen modischen Bedenken zum Trotz - Sie wollen sich im Urlaub doch wohlfühlen.

Bekleidung bei Landausflügen

Für die Landausflüge empfiehlt sich atmungsaktive Kleidung, die den typischen Sitten und Bräuchen des jeweiligen Landes entsprechen sollte. Ein Minirock oder freizügige Kleidung sind in einigen Ländern einfach unangebracht. Auch empfiehlt es sich, ein leichtes Tuch für die Kopfbedeckung mitzunehmen, wenn Sie eine Moschee oder eine Kirche von innen besuchen möchten. Vergessen Sie nicht, Ihre Haut mit entsprechender Pflege vor der Sonne zu schützen sowie eine Kopfbedeckung zu tragen. Selbst bei einer Außentemperatur von 30° Celsius sollten Sie eine leichte Weste mitnehmen, da die Klimaanlagen in den Bussen meist sehr kalt gestellt sind und in vielen Ländern nicht dem europäischen Standard entsprechen. Häufig lassen sie sich nicht auf eine gewünschte Temperatur einstellen, sondern lediglich auf „an" und „aus". Eine Flasche Wasser sollten Sie immer dabei haben, um einer möglichen Dehydrierung vorzubeugen.

Dass sollte noch in Ihr Reisegepäck!

Ganz wichtig und oft vergessen: sämtliche erforderliche Medizin gehört NICHT in den Koffer, sondern ins Handgepäck. Ein Koffer kann bei einer Fluganreise in seltenen Fällen schon mal über Tage „verschwunden" sein, was bei einer regelmäßig erforderlichen Einnahme von Medikamenten zu kritischen Momenten führen kann. Bei Reisen in ferne Länder erkundigen Sie sich besser vorab, ob die Einfuhr von bestimmten Medikamenten verboten ist. In den Vereinigten Arabischen Emiraten zum Beispiel zählt Kodein zu den deklarationspflichtigen Inhaltsstoffen. Dieser Wirkstoff ist bei uns in den meisten verschreibungsfreien Hustenmitteln enthalten. Sollten Sie länger unterwegs sein und größere Mengen Medizin dabei haben, empfiehlt es sich eine Bestätigung des Arztes über die Verordnung der Medikamente mitzuführen. Informieren Sie sich gegebenenfalls auch bei den Konsulaten oder Botschaften der jeweiligen Länder.

> Ihre Wertsachen wie Geld, Schmuck, Ausweis, Kamera usw. gehören nicht in den Koffer, sondern ins Handgepäck.

Denken Sie an ein Fernglas, Sonnenschutz für die Haut (unterschätzen Sie keinesfalls die Sonne auf hoher See!), Regenbekleidung sowie an ein Tuch oder Mütze für den Kopf. Viele Schiffe bieten mittlerweile auch eine eigene Bordbibliothek an, in der Sie sich kostenfrei Bücher für die Reise ausleihen können. Es schadet aber nicht (gerade für Tage auf See), auch an eigenen Lesestoff von zuhause zu denken. Nehmen Sie auch eine zusätzliche Reisetasche mit. Da Sie ihren Koffer bereits am Vorabend der Ausschiffung vor Ihre Kabinentür stellen müssen, können Sie in Ihrer Reisetasche noch am Abreisetag benötigte Gegenstände wie Kulturbeutel sowie Kleidungsstücke mit von Bord nehmen. Eine Tasche ist auch sinnvoll für Landgänge sinnvoll oder wenn Sie an den Strand möchten.

Mein Koffer ist verloren gegangen – was nun?

Ich habe schon eine Kreuzfahrt erlebt, bei der erst der Hinflug ausfiel, so dass ich dem Schiff hinterher reisen musste, und bei der zu allem Übel auch noch mein Koffer an 13 von 14 Urlaubstagen verschollen blieb. Ironie der Geschichte - pünktlich zur Abreise erreichte mich dann mein Koffer auch wieder.

Sofern Sie am Flughafen bzw. an Bord merken, dass Ihr Koffer nicht mitgereist ist, müssen Sie dies sofort am Flughafen bzw. an der Rezeption an Bord melden. Sie erhalten dann eine Reklamations- sowie eine Servicetelefonnummer. Und diese ist das Wichtigste, das Sie für die nächsten Tage brauchen - um zu recherchieren, wo Ihr Gepäck geblieben ist.

Sie haben in aller Regel Anspruch darauf, sich eine Grundausstattung an Kleidung und Artikeln des täglichen Bedarfs für die nächsten Stunden bzw. Tage zu kaufen. Heben Sie die Belege gut auf, um die Ausgaben ersetzt zu bekommen. Aber ich kann Sie beruhigen, in aller Regel kommt Ihr Reisekoffer mit der nächsten Maschine nach und trifft noch vor Auslaufen des Schiffes ein.

Wenn Ihr Koffer es bei der Anreise bis zum Schiff geschafft hat und er Ihnen dennoch nicht zugestellt wurde, kann es auch sein, dass sich der Kofferanhänger mit Ihrer Kabinennummer gelöst hat oder Sie vergessen haben diesen zu befestigen. Ihr Gepäck wartet dann bereits an der Rezeption auf Sie.

Seekrankheit!?

Bei hohem Seegang können selbst eingefleischte Seefahrer seekrank werden. Da mittlerweile aber die meisten Schiffe mit Stabilisatoren ausgestattet sind, haben rund 90 % meiner Kunden keine Probleme mit Seekrankheit. Wie bereits erwähnt, können Sie sich Stabilisatoren wie Flügel eines Flugzeuges vorstellen, die immer dann unter der Wasseroberfläche ausgefahren werden, wenn etwas höherer Seegang herrscht. Dadurch „schneidet" sich das Schiff ruhig durch das Wasser und Sie merken meist gar nichts vom Wellengang. Allerdings darf man nicht verschweigen, dass ab einem bestimmten Seegang diese Flügel wieder eingefahren werden müssen - und dann erfahren Sie wirklich, ob Sie seekrank werden oder nicht.

Sollte Sie doch einmal die Seekrankheit einholen, hat die Rezeption oder der Schiffsarzt Tabletten bzw. Medikamente dagegen. Ich selbst werde sogar schon in einem Hafen seekrank und vertrage überhaupt kein Schifffahren. Dies hält mich aber nicht davon ab, trotzdem immer wieder an Bord zu gehen. Ich habe inzwischen Medikamente gefunden, die nur alle 12 Stunden in geringen Dosen einzunehmen, nicht übermäßig müde machen und gut verträglich sind. Gerne verrate ich Ihnen den Wirkstoff. Mit diesem „Doping" habe ich selbst starke Stürme problemlos durchfahren. Sie sollten allerdings nicht darauf bauen, dass Sie sich irgendwann an den Seegang gewöhnen, wenn Sie empfindlich sind. Wenn Ihnen heiß und kalt wird, Sie Schweiß auf der Stirn bekommen und Ihnen flau im Magen wird, dann ist es höchste Zeit, sich um ihre Seekrankheit zu kümmern, bevor Sie nur noch an der Reling hängen. Jeder Tag an Bord kostet Geld und Sie sollten keinen davon auf der Kabine verbringen müssen. Sie könnten jetzt auch sagen: „Ich werde bestimmt seekrank und mache keinesfalls eine Schifffahrt", aber das wäre damit vergleichbar, die Sonne zu meiden, weil sie keinen Sonnenschutz aufgelegt haben.

Medizinische Hilfe - im Fall des Falles

An Bord eines Kreuzfahrtschiffes gibt es fast immer einen Arzt, oft sogar auch eine Krankenstation und einen 24-Stunden Notservice. Bei Flussschiffen in fernen Ländern ist meist ein Arzt dabei. Wenn kein Arzt an Bord ist, können Sie dennoch jederzeit medizinische Hilfe anfordern lassen, da sich ein Flussschiff immer in Landnähe befindet. Die gängigen Medikamente sind an Bord erhältlich. Allerdings gehen die Kosten der Arztvisite und der Arzneimittel erst einmal zu Ihren Lasten. Erkundigen Sie sich also vor Antritt der Fahrt bei Ihrer Krankenversicherung und schließen Sie im Zweifel eine Auslandskrankenversicherung ab. Diese kostet im Jahr meist nur wenige Euro und sollte jeder Reisende haben. Beachten Sie, dass sich die Gebühren nach dem Registrierungshafen des Schiffes richten, denn dies kann durchaus teuer werden. Das bedeutet, das z.B. ein unter deutscher Flagge fahrendes Schiff auch nach deutschen Gebührensätzen abrechnet. Auch ist es nicht immer ratsam, bei problematischen medizinischen Eingriffen diese im Ausland durchführen zu lassen. Ihre Auslandskrankenversicherung sollte dementsprechend auch die Rückholkosten aus dem Ausland in Ihr Heimatland beinhalten.

An Bord

Die Einschiffung – jetzt geht's los!

Endlich - heute beginnt Ihre Kreuzfahrt. Lassen Sie sich nicht erschrecken von den vielen Leuten, die alle an Bord wollen. Sie werden sich schnell auf dem Schiff verteilen und wenn Sie Glück haben, treffen Sie den Einen oder Anderen sogar mal wieder. In Ihren Reiseunterlagen ist ein Zeitkorridor genannt, in dem Sie an Bord gehen dürfen. Es empfiehlt sich, nicht direkt zu Beginn der Einschiffung zu erscheinen, da sich erfahrungsgemäß die meisten Passagiere zu dieser Uhrzeit im Terminal einfinden. Ein bis zwei Stunden später hat sich die Lage normalisiert und Sie kommen relativ zügig an Bord.

Für die Einschiffung benötigen Sie Ihren Kreuzfahrtengutschein (Reisebestätigung/Voucher), Ihren Ausweis (der Ausweis, den Sie im Schiffsmanifest angegeben haben) sowie eine Kreditkarte oder ausreichend Bargeld, um Ihr Bordkonto zu verifizieren. Der Vorteil der Nutzung der Kreditkarte liegt darin, dass Sie beim Ausschiffen nicht an der Rezeption stehen müssen, um Ihr zu viel eingezahltes Bargeld wieder abzuholen oder einen durch exzessiven Shoppingkonsums entstandenen Fehlbetrag noch zu begleichen. Die Rechnung Ihrer Ausgaben an Bord erhalten Sie überwiegend am Ausschiffungstag oder am Vorabend. Sie können sich jedoch beliebig oft eine Zwischenabrechnung an der Rezeption oder beim Zahlmeister geben lassen.

Bei der Einschiffung erhalten Sie eine Bordkarte. Diese sieht wie eine kleine Kreditkarte aus, ist Ihr Nachweis, dass Sie Gast sind und zugleich Ihr Zahlungsmittel an Bord. Sie wird bei allen Ausgaben oder Bestellungen an Bord verlangt. Sollten Sie eine Route mit mehreren Ländern gewählt haben, wird Ihr Pass meist bei der Einreiseabfertigung einbehalten. Führen Sie daher eine vom Schiff bestätigte Kopie bei Landgängen mit. Damit können Sie sich auch bei der Rückkehr an Bord ausweisen und es wird verhindert, dass sich nicht jeder vermeintliche Gast mit einer gefundenen Bordkarte Zugang zum Schiff verschaffen kann. Bei einigen Reedereien müssen Sie Ihre Bordkarte bei jedem Landgang vorzeigen, auf der zudem ein Foto von Ihnen gespeichert ist – dies erhöht ebenfalls die Sicherheit bei Verlust einer Karte und vor blinden Passagieren. Je nach Reiseland ist wiederum die Mitnahme des Passes Pflicht. Hierzu finden Sie Informationen immer in Ihrer Bordzeitung.

Sicherheitsübung

Jetzt haben Sie es endlich an Bord geschafft und schon haben Sie Termine. Gemäß den allgemeinen Richtlinien der SOLAS (Safety Of Lives At Sea) muss die allgemeine Seenotrettungsübung innerhalb der ersten 24 Stunden an Bord erfolgen. Bei den meisten Reedereien findet diese bereits vor Auslaufen des Schiffes aus dem ersten Hafen statt. Diese Übung zeigt Ihnen Ihre Chancen auf, in einem Notfall von Bord zu kommen. Deswegen sollten Sie während der Übung wirklich aufpassen - es ist keine Spaßveranstaltung!

Die Teilnahme ist für jeden Reisenden obligatorisch - egal, wie oft er oder sie schon an Bord war. Bei der Übung finden sich die Gäste an zugeteilten Sammelpunkten ein. Welcher Sammelpunkt für Sie vorgesehen ist, erfahren Sie auf der Rückseite Ihrer Kabinentür. Am Sammelpunkt bekommen Sie gezeigt, wie Sie eine Rettungsweste anlegen und wo ihr Rettungsboot im Ernstfall zu Wasser gelassen wird. Fotografieren, der Gebrauch von Handies, rauchen und Gespräche sind während dieser Übung zu unterlassen. Sämtliche Aktivitäten an Bord sind eingestellt und alle Bars und Restaurants geschlossen.

Bordzeitung

Das Non plus Ultra für Ihre künftigen Tage an Bord bildet die sogenannte „Bordzeitung". Diese heißt bei jeder Reederei anders, erfüllt aber den gleichen Zweck: Ihnen einen Überblick darüber zu geben, was, wann, wo an Bord passiert. Sie finden in der täglichen Bordzeitung die definitiven Landgangzeiten (die von den im Katalog abgedruckten abweichen können), Hinweise zu der jeweiligen Tagesdestination und Vorschriften, Öffnungszeiten der Restaurants, Aktivitäten an Bord, Beginn und Treffpunkt der Landausflüge sowie eine Empfehlung für die Abendgarderobe. Viele mehrsprachige Reedereien bzw. Veranstalter bieten diese Bordzeitung in verschiedenen Sprachen an. Fragen Sie einfach Ihre/n Kabinensteward/ess danach.

Abgeschnitten vom Rest der Welt – wie kommuniziere ich mit der Heimat?

Von wegen abgeschnitten - täglich gibt es an Bord die wichtigsten Meldungen vom Rest der Welt als „Mini-Ausgabe" an der Rezeption. Im Bordfernsehen läuft ein Nachrichtensender, der Ihnen das Wichtigste vom Tag berichtet. Das Angebot ist in mehreren Sprachen verfügbar.

Jedes Schiff ist zudem mit den modernsten Anlagen ausgerüstet, die die Kommunikation per Telefon, Internet oder Fax mit der ganzen Welt ermöglichen. Via Satellit können Telefongespräche aus Ihrer Kabine in Echtzeit abgewickelt werden. Wenn Sie erreichbar sein müssen, ist das auch kein Problem, denn jedes Schiff hat eine Satellitenrufnummer, über die es gut erreichbar ist. Ein kleiner Tipp: Lassen Sie Telefongespräche vorankündigen oder vereinbaren Sie eine bestimmte Uhrzeit. Falls Sie erst lange auf dem Schiff gesucht werden müssen, kann das teuer werden!

Denn die Preise für Telekommunikation auf einem Schiff sind wesentlich höher als an Land. Es handelt sich wie erwähnt meist um Satellitenverbindungen, die entsprechend berechnet werden. Eine Telefonminute etwa kostet ab 4 Euro und auch der Internetzugang ist kein billiges Vergnügen. Erwarten Sie auch nicht die Internetgeschwindigkeit, die Sie von zuhause kennen.

Um günstiger mit der Welt zu kommunizieren, empfiehlt es sich, auf den nächsten Hafen zu warten. Dort gibt es häufig Cafés oder Restaurants, die für ihre Gäste kostenfrei WLAN (im Ausland unter „Wi-Fi" bekannt) anbieten. Auch ist das Telefonieren mit Ihrem Mobiltelefon im Netz des jeweiligen Hafens immer billiger als an Bord.

Wenn im Display beispielsweise „MSC" als Netzprovider genannt wird, sollten Sie Ihr Telefon ausschalten, sofern Sie nicht unbedingt erreichbar sein müssen. Hier handelt es sich um ein Satellitenmobilfunknetz mit sehr hohen Kosten, die auch anfallen, wenn Sie angerufen werden. Vergessen Sie nicht: Sie sind im Urlaub.

Essen - für das leibliche Wohl wird gesorgt

Ein großes Vorurteil ist: „Man muss an Bord den ganzen Tag essen" - aber bedenken Sie, es ist freiwillig - Sie werden nicht gefüttert!

Ja, Essen spielt eine große Rolle an Bord. Oft gibt es bis zu sieben Mahlzeiten pro Tag: vom Morgentee für Frühaufsteher, Frühstück an Deck, Snack am Vormittag, 11:00 Uhr Boullion, Lunch im Speisesaal oder Buffet an Deck, Kaffee am Nachmittag, Abendessen und Mitternachtsbuffet.

Sie können sich an Bord nach ihren Vorlieben verwöhnen lassen. Bei rechtzeitiger Anmeldung vor der Reise werden wie bereits erwähnt gerne auch Sonderwünsche (z.B. Diäten oder vegetarische Kost) erfüllt. Sofern Sie allergisch auf bestimmte Lebensmittel reagieren, sollten Sie dies unbedingt im Vorfeld der Reederei mitteilen.

Auf vielen größeren Schiffen und je nach Reederei können Sie zwischen Buffetrestaurant und Bedienrestaurant wählen. Falls die Anzahl der Sitzplätze im Speisesaal nicht für alle Passagiere ausreicht, werden die Gäste in zwei Tischzeiten (oder auch „Sitzungen" genannt) eingeteilt. Sie bekommen dabei einen festen Tisch, Kellner und Kellnerassistenten zugewiesen und treffen jeden Abend die gleichen Tischgenossen.

Wenn Sie gerne früh essen, wählen Sie die „erste Sitzung". Hier serviert man Ihnen in der Regel zwischen 18:00 und 19:00 Uhr das Abendessen und Sie können im Anschluss das Showprogramm erleben. Bevorzugen Sie später zu essen, dann wählen Sie die „zweite Sitzung". Diese wird meist zwischen 20:30 und 21:30 Uhr serviert und Ihr Showprogramm ist als „Pre-Dinner Show" ausgelegt, d.h. Sie gehen erst ins Theater und danach zum Essen. Die Reederei ist bemüht, Ihre eventuell vorhandenen Tischwünsche zu erfüllen. Dies bezieht sowohl die Größe des Tisches als auch die Nationalitäten der Tischnachbarn ein. Sollten Sie an Bord dennoch mit dem vom Schiff vergebenen Tisch oder der Sitzung nicht zufrieden sein, wenden Sie sich vertrauensvoll an den Maitré (Chef des Restaurants), der versuchen wird, eine zufriedenstellende Lösung für Sie zu finden.

Auf vielen großen Schiffen gibt es sogenannte „my time dining" oder „your choice dining" Optionen. Hier ist ein Restaurant für Gäste reserviert, die sich zeitlich nicht auf eine Tischzeit festlegen möchten. Sie erhalten in diesen Restaurants dann einen Tisch nach Verfügbarkeit. Hier kann es aber schon einmal vorkommen, dass Sie auf einen freien Tisch warten müssen. Damit Sie sich während der Wartezeit nicht die Beine in den Bauch stehen müssen, erhalten Sie oft einen „Beeper". Dies ist ein funkgesteuertes Gerät, das mit Blinken einen für Sie zur Verfügung stehenden Tisch signalisiert. So können Sie entspannt einen Aperitif an einer Bar genießen. Bei Schiffen ohne feste Tischzeiten werden Sie voraussichtlich jeden Abend mit neuen Gästen zusammen dinieren. Auf kleineren Schiffen handhabt man auch eine freie Tischwahl, bei der Sie einfach Ihren Lieblingsplatz für den jeweiligen Abend wählen. Wenn Sie lieber Buffetrestaurants bevorzugen, können Sie frei wählen, wann Sie essen gehen möchten. Meistens sind die Speiseangebote in den Bedienrestaurant sowie am Buffet gleich. Beachten Sie, dass es im Buffetrestaurant eher „lebendiger" zugeht als im Bedienrestaurant.

Bordausgaben

So macht Urlaub Spaß, denn an Bord will keiner Geld von Ihnen haben. Aber Vorsicht, dies bezieht sich nur auf Bargeld. Sämtliche Ausgaben gehen jetzt zu Lasten Ihres Bordkontos. Sie erhalten in der Regel Quittungen der bestellten bzw. bezahlten Ausgaben an Bord (wie z.B. Getränke, Einkäufe im Duty Free Shop und auch Spa Anwendungen) und sollten diese auch sammeln und mit der Endabrechnung vor der Ausschiffung vergleichen.

Bei einigen Reedereien haben Sie bei jeder Abrechnung auch die Möglichkeit, der Kellnerin oder dem Kellner ein zusätzliches Trinkgeld zu geben. Schreiben Sie den Betrag einfach mit auf den Beleg, der unterschrieben beim Servicepersonal verbleibt. Bei vielen Anbietern wird von vornherein ein Serviceentgelt von bis zu 15 % auf die konsumierten Umsätze addiert. Ganz wichtig ist auch, dass manche Reedereien Zollgebühren auf die im Shop erworbenen Waren erheben. Genaue Informationen dazu wird Ihnen das Bordpersonal geben.

Wie kann ich bei den Bordausgaben sparen?

Wenn Sie kein Getränkepaket gebucht haben, können Sie zum Beispiel bei den Getränken sparen. Lassen Sie sich die Getränkekarte geben und schauen Sie nach, welches Getränk wieviel kostet. Bei einem Gin Tonic wird ein ausgebildeter Kellner zum Beispiel fragen, welchen Gin Sie denn gerne in ihrem Longdrink haben möchten. Als cleverer Verkäufer empfiehlt er natürlich einen hochwertigen Gin, der nicht der Günstigste sein wird, und es liegt jetzt an Ihnen, ob Sie den Unterschied der Ginqualität in einem Longdrink schmecken oder eine günstigere Marke bestellen.

Viele Reedereien bieten ihre Getränke auch mit Aufpreis in so genannten „Souvenirgläsern" an - d.h. Sie bekommen das Getränk in einem Glas serviert (meist mit dem Logo der Reederei versehen), das Sie danach mitnehmen dürfen. Viele Gäste wissen das nicht oder benötigen das Glas auch gar nicht, bezahlen es aber trotzdem mit. Hier empfiehlt sich bei der Bestellung der Hinweis, dass Sie das Getränk in einem normalen Glas möchten - ohne Souvenirglas. Und schon kostet das Getränk rund einen Euro weniger.

Auf fast jedem Schiff gibt es zudem Angebote bei den Getränken. Zum Beispiel eine „Happy Hour" mit vergünstigten Getränkepreisen zu einer bestimmten Uhrzeit; den „Cocktail des Tages", der meist viel günstiger angeboten wird oder auch Getränke als Paket mit einem Preisvorteil wie beispielsweise „Nimm'6, Zahl'5".

Auch bei der Weinauswahl an Bord müssen Sie sich nicht mit dem vorgegebenen offenen Wein begnügen, sondern haben die Möglichkeit, sich im Restaurant einen Wein auszusuchen. Sollten Sie die Flasche nicht ausgetrunken haben, wird diese für Sie für den nächsten Abend verwahrt. Meistens ist diese Alternative nicht nur qualitativ hochwertiger, sondern auch noch günstiger als offene Weine glasweise zu bestellen.

Für „Sparfüchse" lohnt sich ein Besuch beim Kapitänsempfang und -abschied, da dieser in der Regel mit kostenfreiem Sekt und kleinen Häppchen abgerundet wird. Ebenso gibt es für „Wiederholer" Cocktailpartys, bei denen sich die Reederei für die Treue der Gäste mit ein paar Getränken bedanken möchte.

Einkäufe an Bord

Auch bei Einkäufen an Bord lässt sich Geld sparen: Sie sind im Urlaub - haben Sie also Geduld, denn diese zahlt sich oft aus. Beachten Sie in Ihrer Bordzeitung die Aktionen der Bordgeschäfte oder nutzen Sie die Gutscheine aus den Bonusheften für Wiederholer. Sollten Sie außerhalb der europäischen Zollgrenze fahren, lassen sich Zigaretten und hochprozentige alkoholische Getränke günstig einkaufen. Meistens verwahren die Reedereien diese Getränke bis zum vorletzten Tag Ihrer Reise, um zu verhindern, dass sich Gäste ihre Spezialmixturen an Bord mischen. Bedenken Sie jedoch bei Ihren Einkäufen, dass Sie die Zollbestimmungen Ihres Heimatlandes einhalten. Sonst kann Ihre günstige Stange Zigaretten richtig teuer werden.

Casino

Nehmen Sie sich Zeit und werfen Sie einmal einen Blick in das Casino an Bord - beobachten Sie die Spieler und lassen Sie sich vom bunten Treiben faszinieren. Sollten Sie den Entschluss gefasst haben, Ihr Glück selbst zu probieren, dann setzen Sie sich schon vor dem Spielbeginn ein Limit. Denn eines ist klar:

> Der Gewinner in einem Spielcasino
> ist immer die Bank!

Das Casino hat neben der Spielfreude und der quirligen Atmosphäre aber noch einen weiteren Vorteil: Sie können für ungefähr 3% Wechselgebühr relativ günstig an Bargeld kommen, da Barauszahlungen über das Bordkonto abgerechnet werden. So haben Sie immer genügend Bargeld, um zum Beispiel ihr Trinkgeld persönlich zu überreichen.

Shows- und Musikvorführungen

Vergessen Sie nicht, einen Blick ins Theater zu werfen und lassen Sie sich von den Künstlern, die auf Sie warten, begeistern. Meistens unterhält Sie an Bord ein hochkarätiges Team von Tänzern, Zauberern, Musikern und Entertainern, für die Sie an Land eine Menge Geld bezahlen müssten.

Genießen Sie auch die schöne Kaffeezeit; auch „elegante Teestunde" oder „High Tea" genannt. Hier erwarten Sie neben Tee und Kaffee auch leckere Spezialitäten der Konditorei sowie Sandwiches. Begleitet wird diese schöne Teezeit auf den klassischeren Schiffen meist von einem Pianisten mit anspruchsvoller Musik.

Ein Highlight jeder Reise ist ein „Frühschoppen". Sollte Ihre Reederei diesen anbieten, nehmen Sie unbedingt daran teil. Hier geht es nicht um Freibier, sondern um schönes Wetter, gute Stimmung, gute Musik und Geselligkeit. Da Frühschoppen in der Regel an einem Seetag stattfinden, versäumen Sie auch nichts, wenn Sie danach ein Mittagsschläfchen halten.

Landgänge

Informieren Sie sich vor Beginn Ihrer Kreuzfahrt darüber, bei welchen Häfen Sie relativ zentral anlegen und bei welchen Zielen Sie einen Bustransfer ins Zentrum benötigen.

In allen europäischen Häfen ist es möglich, die angebotenen Landausflüge auch per Taxi zu unternehmen. Der Preis eines Taxis liegt ungefähr bei dem Preis, den Sie pro Person für einen Landausflug an Bord bezahlen müssen, so dass sich ein Wagen schon bei 2 Personen rechnet. Bei der Taxiauswahl sind meist die Anbieter teurer, die direkt vor dem Schiff zur Verfügung stehen, als jene, die außerhalb des Hafens ihren Dienst anbieten. Für die Hafeneinfahrt bedarf es nämlich oft besonderer Genehmigungen und Lizenzen, die die Taxianbieter vorlegen müssen und die sie nicht kostenlos erhalten. Um böse Überraschungen zu vermeiden, sollten Sie die gewünschten Ziele, Dauer und den Preis vorab klären – und auch ein bisschen Handeln kann hier nicht schaden. Und noch ein Tipp: bezahlt wird am Ende der Fahrt – nicht davor oder dazwischen.

Schon alleine wegen der Ausflugsplanung empfiehlt sich das professionelle Reisebüro, da es die Häfen kennt und Ihnen Tipps für Ihre eigene Freizeitgestaltung geben kann. Es informiert Sie routenabhängig über spezielle Gegebenheiten wie etwa, dass Landgänge in Russland, z.B. St. Petersburg, nur mit einem individuellem Visum für Russland (welches Sie mit einigem Aufwand vor der Reise organisieren müssen) bzw. mit einem Gruppenvisa eines über die Reederei gebuchten Landausflugs möglich sind. Oder, dass es ohne organisierten Landausflug schwierig ist das Nordkap zu erreichen, wenn man im Hafen Honnigsvag anlegt, da diese Region wenig besiedelt ist.

Da sich viele Hafenstädte mittlerweile auf den Kreuzfahrttourismus eingestellt haben, gibt es viele sogenannte „Hop-On Hop-Off"-Busse. Bei dieser Art des Sightseeings bezahlen Sie einmal für den Bus, der die ortsüblichen Sehenswürdigkeiten anfährt und bei dem Sie an jedem Stopp aus- und wieder einsteigen können. Da ein modernes Kreuzfahrtschiff rund 3.000 Passagiere auf einmal an Land lässt, ist es manchmal schwierig, wieder einen Platz für die Weiterfahrt in einem der Busse zu bekommen. Ich empfehle Ihnen deshalb auch einen Blick auf die öffentlichen Verkehrsmittel, da diese meist häufiger und wesentlich günstiger zu den gewünschten Zielen fahren. Vor allem bringt so eine Fahrt den Vorteil, auch mit Einheimischen zusammenzukommen. Meiner Erfahrung nach sind diese immer sehr offen Fremden gegenüber, neugierig auf andere Kulturen und sehr hilfsbereit. Ein dickes Lob an dieser Stelle an die Busfahrer/-innen dieser Welt, die immer die Geduld haben, Touristen zu erklären, mit welchem Bus sie zum gewünschten Ziel kommen.

> Eines sollten Sie bei allen Ihren persönlichen Landgängen beachten:
> Das Schiff wartet nicht auf Sie!

Wenn Sie die Umgebung auf eigene Faust erkunden und das Schiff nicht mehr rechtzeitig vor dem Auslaufen erreichen, ist Ihre Reise erst einmal beendet und Sie müssen Ihre Weiterreise zum nächsten Hafen selbst organisieren. Auf Ihrer Bordkarte haben Sie meist eine Notfalltelefonnummer des Schiffes vermerkt - informieren Sie auf alle Fälle das Schiff. Bei der Buchung eines Ausfluges über die Reederei brauchen Sie sich diese Gedanken nicht machen – hier erreichen Sie auf jeden Fall das Schiff rechtzeitig. Diese Sicherheit und auch die Bequemlichkeit sind Gründe, warum die Ausflüge der Reedereien nicht immer ein günstiges Vergnügen sind.

Wird Ihnen ein Landausflug angeboten, der als Tagesfahrt ausgeschrieben ist, ist das Ziel meist mit einer langen Busfahrt vom Schiff aus verbunden. Hier empfehle ich Ihnen, diesen Ausflug unbedingt mit der Schiffsreiseleitung zu machen. Das ist bequemer für Sie und Sie laufen nicht Gefahr, dass das Schiff ohne Sie ablegt, wenn Sie z.B. mit dem Bus eine Reifenpanne haben.

Haben Sie viel Zeit in einem Hafen, so dass sich die Möglichkeit für einen Ausflug am Vormittag und am Nachmittag bietet, sollten Sie zwei separate Ausflüge buchen. Klären Sie mit der Ausflugsabteilung des Schiffes, ob sich die Ausflüge von den Zeiten her überschneiden. Ist dies nicht der Fall, sehen Sie bei dieser Form der Buchung im Vergleich zu einem Ganztagesausflug mehr von den Sehenswürdigkeiten und haben länger Zeit vor Ort. In der Regel ist bei einer Tagesfahrt ein Mittagsessen vorgesehen. Bei rund 50 Personen im Bus dauert es in der Regel ein bis zwei Stunden, bis alle Gäste ihre Getränke zum Mittagessen bezahlt und die Toilette gefunden haben. Dadurch geht Ihnen wertvolle Zeit verloren.

Wenn Sie nicht sicher sind, welche Ausflüge Sie machen möchten, dann empfehle ich Ihnen den Besuch der Programmvorstellungen an Bord. Regelmäßig werden die angebotenen Ausflüge für die kommenden Häfen vorgestellt. Professionelle Lektoren machen Ihnen die Ziele schmackhaft und erklären, wie anstrengend und umfangreich die Ausflüge sind. Seien Sie ehrlich zu sich selbst und entscheiden objektiv, ob Sie fit genug für den ausgewählten Ausflug sind.

Die Kosten für die Landausflüge sind von Reederei zu Reederei sehr unterschiedlich. Einige kalkulieren ihre Kreuzfahrt mit einem sehr niedrigen Grundpreis, um die Gäste an Bord zu „locken" - dafür sind dann aber die Nebenkosten an Bord vergleichsweise hoch. Ein kurzer

Landausflug beginnt bei diesen Reedereien in der Regel bei 50 Euro. Andere Reedereien hingegen haben einen höher kalkulierten Grundpreis und die Landausflüge beginnen ab 20 Euro pro Person.

Wie anfangs bereits erwähnt, sollten Sie bei Landausflügen Ihre Weste für den Bus (Klimaanlage) nicht vergessen, ebenso wenig wie ein Tuch für die Dame, wenn der Besuch einer Kirche oder Moschee auf dem Programm steht. Eine Flasche Wasser für unterwegs sollte ebenfalls nicht fehlen. Das Mitnehmen von Lebensmitteln an Land ist allerdings in vielen Häfen verboten. Bitte informieren Sie sich deshalb dahingehend vor dem Landgang. Wie heißt es in Australien so schön: "If we find, you'll be fined". Im übertragenen Sinn bedeutet dies: „Wenn wir es finden, wird es teuer für Sie." Wobei hier die Wörter „find" und „fined" gleich ausgesprochen werden.

Tenderservice

Unter einem „Tenderhafen" versteht sich ein Hafen, der es von der Größe her nicht zulässt, dass das Schiff direkt an der Kaimauer anlegt. Das Schiff liegt vor Anker (auch: „auf Reede" – außerhalb des Hafens) und bietet mit kleinen Tenderbooten in regelmäßigen Abständen einen Transferservice zum Land an. Dieser Service ist kostenfrei. Bei größeren Schiffen wird das Abholen eines „Tendertickets" nötig. In Ihrer Bordzeitung finden Sie Informationen, wo Sie dieses Ticket erhalten können. Holen Sie sich das Ticket aber erst dann, wenn sie fertig für den Landgang sind. Sie können jederzeit von und zum Schiff fahren, zum Beispiel um an Bord Mittag zu essen und danach wieder an Land zu gehen. Ab und an kommt es auch vor, dass wetterbedingt kein Tendern möglich ist, da die kleinen Boote schaukelanfällig sind. Sollten Sie nicht seefest sein, empfiehlt sich die Einnahme einer Reisetablette – ebenso wie bequemes und festes Schuhwerk.

Grund zur Reklamation

Obwohl sich jede Reederei größte Mühe gibt, Reklamationen zu vermeiden, lassen sich diese nicht immer ausschließen. Wichtig ist hierbei, dass Sie Ihre Reiseleitung oder die Rezeption informieren, damit der Mangel beseitigt werden kann. Wenn Sie Sonderwünsche für die Kabine haben, wie zum Beispiel ein weiteres Handtuch oder ein anderes Kopfkissen, so geben Sie einfach Ihrer/m Kabinensteward/ess Bescheid. Die gute Seele wird dann alles Nötige für Sie arrangieren.

Sollte sich der Mangel nicht beseitigen lassen oder schwerwiegend sein, dann ist es wichtig, dass dieser im sogenannten „Reklamationsbuch" der Rezeption vermerkt wird. Meistens erhalten Sie eine Reklamationsnummer bzw. einen Nachweis darüber, dass Sie vor Ort reklamiert haben. Die direkte Reklamation vor Ort ist eine wesentliche Voraussetzung, um nach Reiseende Ansprüche geltend zu machen, wenn der Mangel nicht beseitigt werden konnte. Es ist wichtig, dass die Reederei immer die Möglichkeit bekommt, den Mangel direkt abzustellen.

Sofern es Gründe zur Reklamation gab, ist Ihr Ansprechpartner nach der Reise die Reederei bzw. der Veranstalter. Ihr Reisebüro leitet Ihr Reklamationsschreiben auch gerne weiter. Beachten Sie dabei unbedingt die gesetzlichen Fristen, die Sie einhalten müssen und die im Reiserecht genannt sind.

Seetage sind langweilig?!

Viele Kunden mögen keine Seetage, weil sie denken, dass sie wenig spannend bis totlangweilig sind. Ich persönlich liebe Seetage, weil ich ausschlafen, drei Stunden frühstücken, faulenzen und noch vieles mehr machen kann, ohne ein schlechtes Gewissen haben zu müssen, etwas zu versäumen. An Bord gibt es aber auch ein abwechslungsreiches Programm für alle Passagiere, denen das „süße Nichtstun" zu wenig ist. Oder werfen Sie doch einfach mal einen Blick auf das Meer und beobachten Sie vorbeischwimmende Delphine, fliegende Fische, Schildkröten, begleitende Seevögel, Frachtschiffe und, und, und …

Spa und Wellness

Moderne Schiffe bieten einen schönen Wellnessbereich. Schauen Sie hinein und lassen Sie sich das Angebot präsentieren. Viele Reedereien bieten am Einschiffungstag Führungen durch diese Bereiche, so dass Sie einen schönen Einblick gewinnen, ob das Richtige für Sie dabei ist. Die Preise sind sehr unterschiedlich, je nachdem, mit welcher Pflegeserie gearbeitet wird und auf welchem Niveau sich das Schiff befindet. Angebote für diesen Bereich gibt es meist an Tagen, an denen das Schiff in einem Hafen liegt. Buchen Sie also zeitig ihre Massage an Bord oder nutzen Sie die Vorabbuchung eines Spa-Pakets vor der Reise!

Aber genießen Sie doch einmal an einem Seetag den Wellnessbereich, der neben Massageräumen meist auch mit einer Sauna, einem Ruhebereich und Whirlpools ausgestattet ist. Gegen eine Tagesgebühr können Sie sich so einen Tag Auszeit gönnen.

Sport & Fitness

Inzwischen hat sogar fast jedes Flussschiff einen kleinen Fitnessbereich, der sich bei großen Schiffen bis auf halbe Deckgröße ausweitet. In der Regel ist der Fitnessbereich kostenfrei, lediglich die Teilnahme an speziellen Kursen und Fitnesstrainern wird berechnet. Wer lieber sein Fitnessprogramm an der frischen Luft absolvieren möchte, dem empfiehlt sich der Joggingpfad auf einem der oberen Decks oder auch Frühsport und Wassergymnastik auf dem Sonnendeck. Ich habe mir angewöhnt, an Bord generell die Treppen zu nutzen, denn so habe ich bei den großen Schiffen mit bis zu 18 Decks meinen Frühsport bereits bis zum Frühstück absolviert. Und generell gehe ich, soweit es die Entfernung zulässt, zu Fuß vom Hafen in die Stadt bzw. in den Ort. Wenn es mir zu viel wird, nehme ich auf dem Rückweg einfach einen öffentlichen Bus oder ein Taxi.

Kreuzfahrt & Kinder - lässt sich das vereinen?

Ja, und ich verspreche Ihnen, Ihre Kinder werden begeistert sein und keinen „Landurlaub" mehr machen wollen. Auch wenn inzwischen nahezu jedes Schiff über einen Kinderbereich verfügt, sollten Sie aber trotzdem darauf achten, das dieser für die Anzahl der Gäste und deren Kinder auch bei einem Regentag ausreichend dimensioniert ist - besonders zu Schulferienzeiten.

Die Betreuung sollte in altersgerechte Gruppen aufgeteilt sein, so dass sich Ihr Kind auch ansprechend unterhalten fühlt. So werden z.B. für die „Kleinen" Bastelgruppen veranstaltet, die „Mittleren" entern als Piraten die Brücke und die „Teenies" haben Ihren eigenen Club - natürlich mit Hausverbot für Eltern!

Bei einem großen Schiff finden Sie sicherlich auch einmal Zeit, die Sie ohne Kinder verbringen können, da oft ein „Babysitter-Service" (gegen Gebühr) angeboten wird, der Ihnen z.B. einen schicken Restaurantbesuch ermöglicht. Bei kleinen Schiffen ist es ein „Urlaub mit Kind", so dass auch ein wesentlicher Teil der Betreuung bei Ihnen bleibt.

Oft sind Eltern im Zweifel, ob es auf einem Schiff mit englischer Bordsprache nicht Probleme bei der Kinderbetreuung gibt. Ihre „Kleinen" werden besser und schneller mit allen anderen kommunizieren, als Sie es gedacht haben. Sprache ist bei Kindern zweitrangig.

Bei der Kabinenwahl können Sie die „Sparvariante" wählen, d.h. eine Innenkabine mit zwei Oberbetten. Wenn Sie sich Luxus gönnen möchten, dann empfehle ich eine große Kabine oder sogar zwei Kabinen: eine für die Eltern und eine Kinderkabine. Wählen Sie hier nebeneinanderliegende Kabinen mit Verbindungstür.

Auch bieten viele Reedereien und Veranstalter oft „Kinder frei" Angebote, d.h. bei zwei vollzahlenden Erwachsenen reisen bis zu zwei Kinder in der gleichen Kabine frei oder zu einem Pauschalpreis von ungefähr 150 Euro pro Kind mit.

„Alleinreisend mit Kind" oder eine zweite Kabine wird oft nur 60 % vom regulären Preis veranschlagt. Für Sie ist hier auch wichtig, das bei den meisten Anbietern ein „Kind" bis 17 Jahre als Kind zählt.

Für Familie gilt: buchen Sie so frühzeitig wie möglich. Zum Einen gibt es dann noch günstige An- und Abreiseflüge und zum Anderen profitieren Sie von der großen Kabinenverfügbarkeit an Bord sowie den Frühbuchervorteilen. Familienkabinen und Mehrbettkabinen gibt es immer nur in geringer Zahl auf den Schiffen.

Wenn Sie noch weiter sparen möchten, dann fahren Sie in den Oster- oder Herbstferien, da es hier oft preislich interessantere Familienangebote als in den Sommerferien gibt.

Personal an Bord

Die Basis Ihres Traumurlaubes bildet zum Einen die Hardware, nämlich das Schiff. Wie im richtigen Leben funktioniert die Hardware aber nur mit perfekter Software, dem Personal. Ich habe an Bord noch nie schlechte Erfahrungen mit dem Personal gemacht. Denn wie heißt es so schön: „Wie man in den Wald hinein ruft, so schallt es auch zurück".

Unterhalten Sie sich doch einfach mal mit ihrer/m Kellner/-in, Steward/-ess oder einem der vielen anderen fleißigen Helferlein an Bord. Sie werden überrascht sein, wie viele Nationen auf einem Schiff vertreten sind, um Ihnen Ihren Urlaub zu versüßen. Vergessen Sie auf dem Schiff nie, dass sämtliches Personal nicht wie Sie Urlaub macht, sondern sich für einen knochenharten Job entschieden hat. Genau deshalb finde ich auch Diskussionen über Trinkgelder einfach nur überflüssig. Die Angestellten sind meist über Monate hinweg weit weg von zu Hause, um den Lebensunterhalt für sich und den Rest der Familie zu verdienen, was in ihrer Heimat oft gar nicht möglich ist. Öffnen Sie Ihr Herz und seien sie großzügig - es erreicht die Richtigen.

Viele Schiffe fahren ihre Routen über einen längeren Zeitraum, d.h. für das Personal besteht ab und zu die Gelegenheit, einen Landgang zu machen oder sich mit anderen Gästen über die Ausflüge in den jeweiligen Häfen zu unterhalten. Fragen Sie doch einfach mal bei Ihrer/m Kellner/in oder Barkeeper/in nach, was sie im nächsten Hafen empfehlen können. Ich habe dadurch schon oft tolle Tipps bekommen, auf die ich ohne deren Hinweise nicht gekommen wäre, zumal sie in keinem Reiseführer erwähnt waren.

Ich verrate Ihnen jetzt noch einen Trick, wie Sie ein Lachen auf das Gesicht Ihres Gegenübers zaubern können - bedanken Sie sich doch einfach mal in ihrer/seiner Landessprache. Sie können ja bei einem Kollegen das Wort heimlich erfragen, um dann, wohl geübt in der Aussprache, Ihre/n Kellner/in oder Steward/-ess zu überraschen. Und ehe Sie sich versehen, sprechen Sie das Wort „Danke" in 15 Sprachen.

Die Ausschiffung naht

Heute ist der vorletzte Tag Ihrer Kreuzfahrt und die Zeit ist doch wie im Flug vergangen. Ich kann Sie beruhigen - auch nach drei Wochen kommt es Ihnen vor, als wären Sie gestern erst eingeschifft.

Am letzten Abend sollten Sie Ihre gepackten Koffer vor Ihre Kabinentür stellen, damit das Bordpersonal diese für Sie durch den Zoll führt und Sie diese im Hafengebäude wieder in Empfang nehmen können. Ihr/e Kabinensteward/ess stellt Ihnen hierfür farbige Banderolen zur Verfügung, anhand derer die Reihenfolge der Ausschiffung erfolgt. Hier sollten Sie in Ihrer Bordzeitung prüfen, ob die für Sie vorgesehene Zeit für das Verlassen des Schiffes ausreicht, damit Sie pünktlich zu Ihrem Flugzeug, Bus oder Ihrer Bahn kommen. Sollte dies nicht der Fall sein, bekommen Sie andersfarbige Banderolen an der Rezeption. Behalten Sie eine kleine Tasche als Handgepäck zurück, damit Sie noch Kosmetikartikel und Ihren Pyjama für die letzte Nacht in der Kabine haben. Vergessen Sie auch nicht - wenn es nicht regelmäßig passieren würde, würde ich es nicht erwähnen - sich Kleidung für den nächsten Tag aus dem Koffer zu behalten. Es kommt öfter vor, dass Gäste ihre gesamte Kleidung schön fein in den Koffer packen und am nächsten Morgen nur noch mit dem Schlafanzug bekleidet um Ihren Koffer „ringen".

Ausschiffungstag

Heute heißt es Abschied nehmen, Ihre Koffer sind bereits vor der Tür verschwunden und Ihre Bordabrechnung für Getränke, Einkäufe, etc. befindet sich in Ihrem Postfach (meist vor der Kabinentür oder sie wird durch den Türspalt geschoben). Vielleicht sind Sie geistig schon auf dem Heimweg – versuchen Sie dennoch, die letzten Stunden des Urlaubes noch zu genießen.

Heute wird alles ein wenig hektischer sein, weil alle Gäste zu einer ähnlichen Zeit von Bord gehen werden. Ich empfehle Ihnen am Ausschiffungstag das Bedienrestaurant zu besuchen. Sie werden zwar nicht die gleiche Auswahl an Speisen zur Verfügung haben, die Sie von anderen Tagen gewohnt sind, aber es geht dort wesentlich ruhiger zu als im Bufettrestaurant. Sollten Sie dennoch lieber am Buffet frühstücken wollen, empfiehlt es sich, erst einen Tisch zu suchen und sich dann nacheinander am Buffet zu bedienen. Viele Reedereien bieten auch eine individuelle Ausschiffung an, d.h. Sie entscheiden selbst, wann Sie von Bord gehen und tragen Ihre Koffer selbst von Bord. In diesem Fall ist es natürlich wichtig, dass Sie diese nicht am Vorabend vor die Tür gestellt haben. Bei der Ausschiffung ist häufig gewünscht, dass die Kabinen ab 8:00 Uhr freigegeben werden, damit sie wieder für die mittags anreisenden Gäste frisch gereinigt zur Verfügung stehen. Um Ihrer/m Kabinensteward/ess die Arbeit zu erleichtern, sollten Sie sich daran halten. Nutzen Sie einfach einen der angebotenen Aufenthaltsorte für die Wartezeit und lassen Sie Ihren Urlaub noch einmal Revue passieren.

Haben Sie auch Ihren Pass an der Rezeption abgeholt bzw. den Safe leergeräumt?

Und vergessen Sie nicht: es steht nirgends, dass Sie heute hektisch nach Hause fahren müssen.

Bewertung/Fragebogen

In Ihrer Kabine lag in den letzten Tagen vor der Ausschiffung ein Bewertungsbogen, der Ihre Eindrücke an Bord abfragt. Seien Sie fair und urteilen Sie nicht über einzelne Situationen, sondern über Ihre komplette Reise. Wenn Sie einmal anderer Meinung mit einem Mitarbeiter waren, bedeutet es nicht, dass alle Mitarbeiter „unfreundlich" sind bzw. waren.

Für das Personal an Bord sind die Bewertungen der Fragebögen ein wichtiger Bestandteil Ihrer Leistungsbeurteilung und Sie sollten diese mit diesem Hintergrundwissen auch entsprechend beantworten. Werfen Sie den Fragebogen ausgefüllt in die dafür vorgesehene Box, die sich meistens an der Rezeption befindet.

Abreise

Sofern Sie individuell angereist sind, ist die Abreise ganz einfach: Sie gehen einfach von Bord, holen sich Ihre Koffer im Zollbereich und verlassen den Hafen durch die Zollkontrolle.

Haben Sie Ihren Wagen vor der Abreise einem Parkservice übergeben, so wird am Hafenterminal Personal der Firma bereitstehen, um Sie zu ihrem Fahrzeug zu bringen.

Ist Ihre Heimreise Bestandteil des Reisepakets, d.h. Sie haben sowohl die Kreuzfahrt als auch An- und Abreise zusammen gebucht, dann erfahren Sie in der Bordzeitung, wo und wann sich ihre Gruppe trifft, bzw. wann der Bus losfährt. Auch hier trifft man sich meist in einer Bar oder Lokalität an Bord - um dann gesammelt zum entsprechenden Bus zu gehen.

Sofern Sie einen späten Rückflug haben, sollten Sie prüfen, ob es nicht Sinn macht, noch einen Halbtagesausflug über den Anbieter zu buchen, der direkt am Flughafen endet. Schauen Sie an den Tagen vor der Abreise einfach im Ausflugsbüro vorbei oder achten in Ihrer Bordzeitung auf entsprechende Angebote.

Endlich daheim

Überwältigt von neuen Eindrücken ist Ihre Kreuzfahrt zu Ende. Der Koffer ist ausgepackt und es herrscht wieder die normale Ordnung in Ihrem Alltag. Sie werden noch ein paar Tage brauchen, um all das zu verarbeiten, was Sie die letzten Tage erlebt haben. Aber eines verspreche ich Ihnen: sofern Sie auf dem richtigen Schiff - dem zu Ihnen passenden Schiff - Urlaub gemacht haben, werden sie wieder eine Kreuzfahrt machen wollen.

Früher oder später!

Mit Ihrer nächsten Kreuzfahrt sind Sie „Wiederholer" - sind Bonussysteme sinnvoll?

Fast jede Reederei bietet seinen Reisenden einen "Treueclub" an. Sollten Sie eine Reederei gefunden haben, die Ihnen genau Urlaub bietet, den Sie sich vorstellen, dann lohnt es sich, Mitglied des Treueprogrammes zu werden. Je öfter Sie mit dem Anbieter fahren, desto höher wird Ihr Status. Je nach Reederei gibt es Rabatte auf den Reisepreis, Abfahrten nur für Mitglieder, Vergünstigungen an Bord, spezielle Empfänge für Wiederholer oder bevorzugte Behandlung bei der Ausschiffung bzw. beim Tenderservice. Dazu sind die Programme auch noch kostenlos.

Sie haben nun Ihre „Kreuzfahrtentaufe" bestanden – auf ein baldiges Wiedersehen.

Nachwort

Ich Danke meinen/unseren Kunden für die jahrelange Treue und die Berichte ihrer Eindrücke und Erlebnisse von den Schiffsreisen.

Mein Dank geht ebenfalls an die vielen Redakteure/-innen, die sich meiner Reiseberichte angenommen und diese veröffentlicht haben, obwohl sie nicht immer im Sinne der Reedereien waren. Aber Ehrlichkeit ist heutzutage selten geworden.

Danke auch an die Reedereien und Reiseveranstalter, die es mir und meinen Kollegen ermöglichen, die Schiffe „live" kennenzulernen, damit wir auch die passenden Kunden für diese Schiffe auswählen können. Dies bringt allen Beteiligten natürlich auch den Vorteil, dass die Reklamationsquote wesentlich niedriger liegt, da die Gäste durch die kompetente Beratung mit den richtigen Vorstellungen an Bord gehen.

Ja, und wie es im Businessleben so ist – man braucht einen Partner, der das alles mitmacht, der hinter einem steht und mit ehrlicher Kritik weiterhilft.

...Danke Mr. Dinozzo – ILD NEA

Ein Auszug meiner Schiffe, auf denen ich bereits kürzer oder länger unterwegs war:

Britanis
Horizon
Zenith
Arkona
Princess Amira
AIDA
Albatros
Norwegian Sky
Sea Cloud II
AIDAvita
Queen of Scandinavia
AROSAblu
Zenith
Serenade of the Seas
Jewel of the Seas
Carnival Legend
Summit
Carnival Liberty
Norwegian Jewel
Astoria
Nile Saray
Prestige Rousse
Costa Classica
Voyager of the Seas
Norwegian Pearl
Costa Marina
Carnival Freedom
MSC Orchestra
Norwegian Gem
Ocean Odyssey
Diamond Princess
AIDAbella
Alexander von Humboldt II
Premicon Queen

Carnival Splendour
Silver Whisper
MSC Sinfonia
Sun Princess
Constellation
MSC Magnifica
Rhapsody of the Seas
Celebrity Eclipse
Costa Deliziosa
Alina
Amadeus Symphony
Azamara Quest
Amadea
Ariana
Queen Elizabeth 2
Deutschland
Crown Princess
Carnival Glory
Legend of the Seas
NCL Breakaway
MSC Divina
NCL Getaway
Artania

... Fortsetzung folgt!

Kreuzfahrt Impressionen

MS Britanis - damals unter dem Veranstalter
Chandris Cruises unterwegs

Mein Lieblingsplatz an Bord

Wohnbereich einer Suite

Badbereich einer Suite

Gute Geister an Bord!

„High Tea" - exklusive Kaffeezeit

Äquatortaufe - Neptun mit Täuflingen

Kapitän und 1. Offizier bitten Neptun um Erlaubnis den Äquator überqueren zu dürfen

Neptun mit Gefolge

Kapitänsempfang - Vorstellung der Offiziere

Animation an Bord - hier Capoeira Tänzer

Eisbar an Bord - echt cool

Das Tenderboot ist startklar

Blick in ein Spezialitäten-Restaurant

Kinderbereiche an Bord

Inhaltsverzeichnis

Vor der Buchung
Worauf müssen Sie bei der
Schiffsauswahl achten? 13
Wie finde ich das richtige Schiff? 13
Welche Kabine ist die Richtige für Sie? 14
Wo sollte die Kabine liegen? 17
Ist eine Schiffsreise auch für Gäste
mit Behinderung oder Rollstuhl geeignet? 18
Was kostet eine Kreuzfahrt und
wie vergleiche ich die Preise? 19
Welche Route ist für mich die Richtige? 22

Gebucht!
Was bedeutet Web-Check-In und
was ist ein Manifest? 24
Wie komme ich am Besten zum
Einschiffungshafen und wie komme
ich wieder heim? 25
Kann ich auch mit dem PKW anreisen
und wo parke ich dann? 26
Das große Kofferpacken!
Garderobe an Bord - muss ich jeden
Abend im Smoking rumlaufen? 27
Bekleidung bei Landausflügen 28
Dass sollte noch in Ihr Reisegepäck! 29
Mein Koffer ist verloren gegangen
- was nun? 30
Seekrankheit!? 31
Medizinische Hilfe - im Fall des Falles 32

An Bord
Die Einschiffung – jetzt geht's los! 34
Sicherheitsübung 35
Bordzeitung 36

Abgeschnitten vom Rest der Welt
– wie kommuniziere ich mit der Heimat? 36
Essen - für das leibliche Wohl wird gesorgt 37
Bordausgaben..39
Wie kann ich bei den Bordausgaben sparen?........40
Einkäufe an Bord..41
Casino 41
Shows- und Musikvorführungen........................42
Landgänge..43
Tenderservice..46
Grund zur Reklamation 47
Seetage sind langweilig?!.................................48
Spa und Wellness 48
Sport & Fitness 49
Kreuzfahrt & Kinder - lässt sich das vereinen?.....50
Personal an Bord 52

Die Ausschiffung naht
Ausschiffungstag..56
Bewertung/Fragebogen....................................58
Abreise 59
Endlich daheim..60
Mit Ihrer nächsten Kreuzfahrt
sind Sie „Wiederholer" - sind
Bonussysteme sinnvoll? 60

Kreuzfahrt Impressionen............................65-75

Notizen für Ihre Traumschiff-Planung:

Viel zu spät begreifen viele die versäumten Lebensziele:
Freuden, Schönheit und Natur,
Gesundheit, Reisen und Kultur.
Darum, Mensch, sei zeitig weise!
Höchste Zeit ist's! Reise, reise!

(Wilhelm Busch, 1832-1908)

Sylvia Gohlke, Autorin

Weit weg von der Küste zählt der schöne Odenwald als Heimat der Autorin. Ihrer Affinität zum Wasser, und allem was schwimmt, tat das aber keinen Abbruch. Bereits im Kindesalter packte Sie die Faszination „Traumschiff" und über die Jahre wurde aus einem Hobby Ihr Beruf.

Von der Leidenschaft zur Berufung sozusagen.

Seit Jahren schreibt sie Reiseberichte Ihrer Kreuzfahrten, die in der Fachpresse Anerkennung finden. Von Reedereien bzw. Veranstaltern beauftragt, verbringt sie Tage an Bord, um mit neutralem Blick die aktuellen Zustände zu analysieren und Verbesserungsvorschläge zu erarbeiten.

Mit diesem Buch möchte Sie den vielen kreuzfahrt-interessierten Reisenden einen Leitfaden geben, damit sie sich an Bord wohl fühlen und vielleicht sogar einen Teil der Leidenschaft teilen können.

Lust auf Fluss & Meer!

.. dann lieber gleich zum professionellen Fluss- und Seereisenbüro!

Wir beraten Sie ganz persönlich!

Kasinostraße 16 - 64293 Darmstadt
Tel. 0 61 51 / 27 31 42
Top-Angebote - täglich aktuell www.cruises4you.de